UNIVERSITÉ DE FRANCE.

FACULTÉ DE DROIT DE STRASBOURG.

ACTE PUBLIC

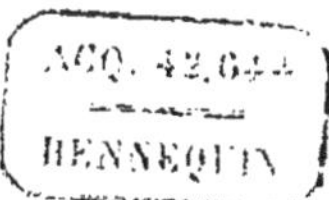

SUR

LES MODIFICATIONS DES DROITS DU PROPRIÉTAIRE;

QUI SERA SOUTENU

A LA FACULTÉ DE DROIT DE STRASBOURG,

Le Mercredi 8 *Avril* 1829, *à midi*,

POUR OBTENIR LE GRADE DE LICENCIÉ EN DROIT,

PAR

LÉON RENOÜARD DE BUSSIERRE,

BACHELIER ÈS-LETTRES ET EN DROIT,

DE STRASBOURG (DÉPARTEMENT DU BAS-RHIN).

STRASBOURG,

De l'imprimerie de F. G. LEVRAULT, imprimeur de la Faculté de droit.

1829.

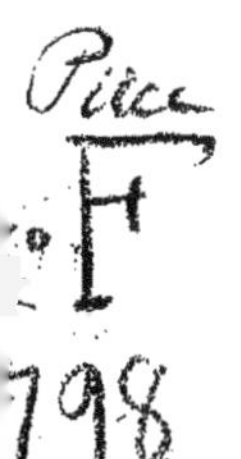

A

MONSIEUR G. PH. HEPP.

Hommage de reconnaissance et d'attachement.

LÉON RENOÜARD.

M. KERN, Président.

EXAMINATEURS:

MM.	KERN,	Professeurs.
	BLOECHEL,	
	RAUTER,	
	HEPP..........	Professeur-Suppléant.

La Faculté n'entend approuver ni désapprouver les opinions particulières au Candidat.

DES MODIFICATIONS DES DROITS DU PROPRIÉTAIRE.

« Les particuliers ont la libre disposition des biens qui leur « appartiennent, sous les modifications établies par les lois. »

(*Article* 537 *du Code civil.*)

INTRODUCTION.

Le droit de propriété pleine et entière[1], abstraction faite de toutes les restrictions qui peuvent le frapper, comprend le *droit de jouir et celui de disposer des choses de la manière la plus absolue.* C'est dans ce dernier droit même qu'il faut rechercher l'origine d'une première classe de modifications du droit de propriété, savoir de celles qui sont établies par la volonté du propriétaire de la chose; car celui-ci peut accorder à des tiers, en vertu même de l'étendue de ses prérogatives, telle fraction de ses droits dont il lui plaît de disposer.

Mais la loi, tout en proclamant la liberté de jouir et de disposer, devait prévoir les abus de cette liberté; elle devait en defendre l'usage chaque fois qu'il pourrait porter atteinte aux droits d'autrui et au bien-être de la société, et en interdire l'exercice à ceux qui seraient incapables de s'en acquitter avec discernement. De là une seconde classe de modifications du droit de propriété; car nous entendons par cette expression toute espèce de restrictions portées au droit illimité du propriétaire.

---

1 Nous croyons devoir avertir que l'expression de *droit de propriété*, qui se retrouve fréquemment dans cet essai, est prise dans un sens subjectif, c'est-à-dire comme signifiant une faculté légale assurée à celui qui possède.

L'on voit ainsi que l'origine de ces modifications est double; elles découlent ou bien du fait et de la volonté de l'homme, ou bien immédiatement des dispositions de la loi. Nous aurions pu partir de ce point de vue dans l'examen de la question que nous avons à traiter; mais nous avons préféré distinguer les modifications des droits du propriétaire d'après leur nature, ou pour mieux dire, d'après la nature des droits qu'elles restreignent; car il existe à cet égard entre leurs diverses espèces des différences capitales. Les unes frappent le droit généralement assuré au propriétaire de jouir de sa chose, d'en tirer tous les fruits, d'en user de la manière la plus absolue; les autres suspendent ou anéantissent son droit de disposer de la chose; enfin, d'autres encore, sans frapper spécialement ni le droit de jouir, ni le droit de disposer, rendent le droit de propriété tout entier incertain entre les mains du propriétaire.

Nous diviserons en conséquence notre sujet en trois parties : la première embrassera les modifications du droit de jouir; la seconde traitera des incapacités de disposer; enfin, nous nous occuperons dans la troisième des modifications qui portent sur le droit tout entier de propriété.

PREMIÈRE PARTIE.

Des modifications du droit de jouir.

Les modifications du droit de jouissance[1] peuvent être rangées, quant à leur origine immédiate, sous trois classes différentes, que nous allons examiner.

---

1 Qui comprend le droit de tirer de la chose tous les fruits naturels, artificiels, mixtes et civils, et le droit d'user de la chose d'une manière absolue.

§. 1.er

Des modifications du droit de jouir qui résultent de l'état du propriétaire.

Ces modifications ont lieu chaque fois qu'une disposition de la loi rend le propriétaire, à raison même de son état, incapable de jouir, soit de la totalité, soit d'une partie seulement de sa propriété. Les mineurs, les interdits, les femmes mariées et les communes rentrent dans cette catégorie.

I. *Les mineurs.* Il faut distinguer ici le mineur émancipé de celui qui ne l'est pas; leurs droits de jouissance sont modifiés d'une manière différente :

1.° *Le mineur non émancipé.* S'il a encore ses père et mère ou l'un d'eux seulement, il est privé jusqu'à dix-huit ans du droit de jouir de ses biens. Ce droit est accordé à son père, ou, à défaut du père, à sa mère, à moins qu'elle ne se soit remariée. Cet usufruit légal, qui ne peut jamais comprendre les biens désignés à l'article 387 du Code civil, cesse dès que le mineur est émancipé, et son extinction peut être prononcée en justice, dans le cas prévu par l'article 618.

En aucun cas la loi n'accorde au mineur non émancipé l'administration de ses biens : cette administration revient au père, pendant la durée du mariage des parens; après la dissolution de leur mariage, elle est déférée au tuteur (que ce tuteur soit le père, la mère ou tout autre).

Le mineur sous tutelle ne peut jouir des revenus de ses biens que jusqu'à concurrence d'une somme qui, dans les tutelles testamentaire, légitime et dative, est fixée d'avance par le conseil de famille, et qui dans la tutelle légale est réglée librement par le tuteur ou la tutrice.

2.° *Le mineur émancipé.* Il jouit en général de ses biens de la même manière que le majeur; ses droits sont cependant modifiés à quelques égards. Ainsi, par exemple, lorsqu'il reçoit un capital mobilier, il est soumis, quant à l'emploi de ce capital, à la surveillance de son curateur.

II. *Les interdits.* Les modifications imposées par la loi aux droits de jouissance de l'interdit sont les mêmes que celles qui frappent le mineur sous tutelle.

III. *Les femmes mariées.* Les droits de jouissance de la femme mariée sur ses propriétés sont modifiés par la loi, tant sous le rapport de leur administration, que sous celui de la jouissance de leurs fruits et revenus.

Les modifications varient d'après le régime sous lequel la femme s'est mariée, et d'après la nature de ses biens.

L'administration est en général attribuée au mari; cependant elle revient de droit à la femme, pour ses biens paraphernaux, lorsqu'elle est mariée sous le régime dotal, et pour tous ses biens dans le cas de séparation judiciaire ou contractuelle. Du reste, le mari peut toujours lui déléguer l'administration, et elle peut se la faire donner par justice en cas d'absence ou d'interdiction du mari. Quant à la jouissance des fruits et revenus de ses biens, elle lui est assurée :

1.° Pour tous ses biens, en cas de séparation judiciaire ou contractuelle, sauf à contribuer aux charges du mariage, ainsi qu'il est dit à l'article 1537;

2.° Pour ses biens personnels, lorsqu'elle est mariée sous le régime de la communauté;

3.° Pour ses biens paraphernaux, lorsqu'elle est mariée sous le régime dotal, sauf à contribuer aux charges du mariage, si tous ses biens sont paraphernaux, ainsi qu'il est statué à l'article 1575. Dans tous les autres cas la jouissance de ses biens est assurée à la société conjugale, sous l'autorité du mari.

IV. *Les communes.* La minorité des communes, établie comme axiome de Droit public, a dû soumettre leurs droits de propriété a de nombreuses restrictions. Parmi celles qui frappent leur droit de jouissance, nous nous bornerons à citer l'obligation de soumettre leurs budgets à l'approbation du Gouvernement, ainsi que les modifications spéciales qui résultent des dispositions du Code forestier.

§. 2.

Modifications qui résultent de droits assurés à des tiers.

Ces modifications prennent naissance, soit par l'effet des dispositions à titre gratuit ou onéreux du propriétaire ou de son auteur, soit immédiatement par l'effet d'une disposition de la loi. Nous ne citerons, parmi les droits assurés à des tiers que quelques-uns des plus importans, savoir, ceux qui résultent de l'usufruit, de l'usage et de l'habitation, des services fonciers, de l'antichrèse, et en certains cas de la simple possession. Nous allons les examiner :

I. *Du droit d'usufruit.* On peut regarder l'usufruit non-seulement comme une modification, mais encore comme une véritable suspension du droit de jouir de ses biens, ou pour mieux dire, comme une translation de ce droit. Si cette translation pouvait être perpétuelle, le droit de nue propriété deviendrait illusoire ; bien plus, il serait une charge personnelle établie à perpétuité. Pour prévenir un pareil abus, le législateur a posé une limite constante à la durée de l'usufruit : elle est essentiellement liée à la durée de la vie naturelle ou civile de l'usufruitier, à moins qu'elle ne soit restreinte encore davantage par une stipulation expresse, ou par l'effet d'une disposition de la loi. (Articles 617, 618, 619, 960.)

L'usufruitier, dit l'article 578, jouit de la chose comme le propriétaire lui-même ; il a par conséquence le droit d'en tirer toute espèce de fruits, soit naturels, soit industriels, soit civils, en se conformant aux dispositions des articles 583 — 598. La loi l'autorise également à donner son droit à ferme, à le vendre ou à le céder à titre gratuit, sans qu'il puisse par là rien changer à l'époque où doit cesser l'usufruit. Le propriétaire ne doit porter aucun obstacle, aucun trouble à la jouissance de l'usufruitier ou de ses ayant-cause.

Mais il est juste que ce dernier soit tenu de son côté de toutes les charges qui se rattachent au droit de jouissance, ainsi qu'à la réparation de toutes les dégradations qu'il aurait fait éprouver à la chose; et de plus, comme sa jouissance n'est que temporaire, que les droits du propriétaire ne sont que suspendus, il est nécessaire qu'il donne à ce dernier garantie suffisante de rentrer dans ses biens à la fin de l'usufruit, et de les retrouver tels qu'ils doivent être après l'administration d'un bon père de famille. Enfin, l'usufruitier se trouvant seul en possession des biens, et pouvant par conséquent seul avoir connaissance des atteintes portées par des tiers au droit de propriété, doit naturellement être obligé d'en donner connaissance au propriétaire. Toutes les obligations de l'usufruitier sont réglées par les articles 600 à 616 du Code civil.

Quant à l'établissement de l'usufruit, nous remarquerons qu'il peut avoir lieu de trois manières; savoir:

1.° Immédiatement en vertu de la loi, usufruit légal (voyez les articles 384, 754 et 1549 du Code civil);

2.° Par la volonté du propriétaire de la chose, manifestée par testament, ou par acte entre-vifs à titre onéreux ou gratuit;

3.° Par la prescription de dix ou vingt ans avec titre et bonne foi.[1]

II. *Du droit d'usage et d'habitation.* Le droit d'usage modifie d'une manière moins complète que l'usufruit le droit du propriétaire de jouir de sa chose. Celui qui a l'usage d'une chose, n'a droit qu'à la quotité de fruits qui lui est spécialement accordée par le titre constitutif; à défaut d'une pareille détermination, il ne peut exiger que ceux qui sont nécessaires à ses besoins et à ceux de sa famille.

---

1 En Droit romain, il pouvait aussi l'être par jugement dans le cas de partages; mais aujourd'hui la licitation doit toujours avoir lieu, si les immeubles ne peuvent se partager commodément. (Art. 827.)

Du reste, l'usage s'établit et finit de la même manière que l'usufruit, et les droits et obligations de l'usager sont les mêmes que ceux de l'usufruitier, sauf qu'il ne peut ni céder ni louer son droit d'usage.

Des règles semblables s'appliquent au droit d'habitation, qui n'est qu'une espèce du droit d'usage.

III. *Des servitudes réelles, ou services fonciers.* La servitude a cela de commun avec l'usufruit et l'usage, qu'elle est un droit réel, imposé sur la chose d'autrui, et qui oblige le propriétaire de celle-ci à souffrir ou à ne pas faire sur sa chose certains actes de propriété. Ce droit réel frappe le fonds servant, sans qu'il en résulte aucun lien personnel entre son propriétaire et celui du fonds dominant, de manière que ce dernier peut renoncer à la servitude, aussi bien que l'usufruitier peut renoncer à son usufruit.

Mais la servitude réelle diffère essentiellement de l'usufruit et de l'usage, en ce qu'elle ne peut être assise que sur des immeubles, et qu'elle ne doit jamais être établie *en faveur de la personne*, mais seulement pour l'utilité d'un fonds, voisin ou non, ou pour l'agrément du *propriétaire* de ce fonds (abstraction faite de sa personne). Il suit de là qu'une servitude réelle ne pourrait être détachée de l'immeuble en faveur duquel on l'a créée, qu'elle ne pourrait être ni vendue ni hypothéquée séparément et sans l'immeuble; mais il en résulte également que les servitudes réelles sont de leur nature perpétuelles, c'est-à-dire qu'à moins de stipulations expresses des parties[1], ou de dispositions spéciales de la loi[2], les servitudes réelles subsistent à perpétuité, sauf encore le cas où elles s'éteignent par la nature même des choses.[3]

---

1. Ces stipulations peuvent avoir lieu soit au moment de l'établissement de la servitude (servitudes concédées à temps ou sous une condition résolutoire), soit plus tard (renonciation, rachat volontaire).

2 Prescription trentenaire, rachat forcé. (Art. 8 de la loi du 6 Octobre 1791.)

3 Perte totale de la chose grevée de servitude; confusion; abandon, qui opère la confusion. *Res sua nemini servit jure servitutis.*

Les servitudes réelles s'établissent, de même que l'usufruit, ou en vertu de la loi, ou bien par le fait de l'homme. Celles de la première espèce (servitudes légales) sont déterminées par le Code, par quelques lois particulières, par des ordonnances et réglemens, et même par des usages locaux. Elles ont pour objet, soit l'utilité publique et communale, soit l'utilité des particuliers.[1]

Relativement aux servitudes établies par le fait de l'homme, l'article 686 accorde aux propriétaires une grande latitude; toutes celles qui n'y sont pas spécialement prohibées[2], ou qui du reste ne sont pas contraires à l'ordre public et aux bonnes mœurs, sont permises.

Quant au *fait de l'homme*, il peut consister, soit en la manifestation de la volonté du propriétaire de l'héritage servant, soit en une possession trenténaire. La manifestation de la volonté du propriétaire peut être expresse ou tacite: elle est expresse, lorsqu'il établit la servitude par un titre quelconque (acte testamentaire, ou acte entre-vifs, tel que vente, donation, échange, transaction, etc.). Elle est tacite, lorsqu'ayant possédé deux héritages, il a maintenu ou établi entre eux des signes apparens de servitude, et qu'aliénant ensuite l'un des deux héritages, que ce soit le fonds servant ou le fonds dominant, il ne stipule rien de relatif à ces servitudes. Il n'y a du reste que celles continues et apparentes qui puissent être établies par ce mode, que le Code appelle la destination du père de famille.

La prescription trenténaire n'est également un mode légal d'acquisition que pour les servitudes continues et apparentes.

IV. *De l'antichrèse.* Elle donne au créancier nanti la faculté de percevoir les fruits de l'immeuble sous les conditions fixées aux

---

1 Les particuliers peuvent modifier les servitudes légales imposées dans l'intérêt privé, pourvu que ces modifications ne portent pas atteinte à la sûreté publique.

2 Telles seraient les servitudes qui consisteraient *in faciendo*, comme aussi celles imposées en faveur d'une personne, sauf toutefois l'usufruit, l'usage et l'habitation, qui sont des servitudes de cette dernière espèce.

articles 2085, 2086, 2089 et 2090 du Code civil. Le créancier conserve la chose constituée en antichrèse jusqu'à l'entier acquittement de la dette, à moins qu'il ne préfère rendre l'immeuble au débiteur, ou que l'expropriation de cet immeuble ne soit poursuivie par d'autres créanciers.

V. *De la simple possession.* La possession, lorsqu'elle n'est pas fondée sur un droit, n'est proprement qu'une *modification de fait* du droit appartenant au propriétaire de jouir de sa chose. La loi assure cependant quelques droits au simple possesseur, et savoir :

1.° Au possesseur annal, le droit de se faire maintenir dans sa possession, et de s'y faire rétablir quand il en est dépouillé par violence, fût-il même troublé ou dépossédé par le propriétaire de la chose si celui-ci n'agit que par voie de fait.

2.° A tout possesseur, lorsqu'il est de bonne foi, le droit de faire siens les fruits de la chose, aussi long-temps que dure sa bonne foi.

Quant à cette circonstance que la possession continuée pendant un certain laps de temps fonde la prescription, on ne pourrait la considérer comme une modification du droit de propriété, qu'en tant qu'elle oblige le propriétaire à faire quelque chose pour maintenir son droit.

Les propriétaires peuvent encore, par l'effet des contrats, soumettre volontairement leur droit de jouissance à une foule d'autres restrictions ; ainsi, par exemple, par le contrat de louage, par le prêt, etc. Mais il y a entre tous ces contrats la différence essentielle, que les uns sont à titre onéreux, et les autres à titre gratuit. On pourrait dire peut-être que ceux-là seuls qui sont à titre gratuit, constituent une modification du droit de jouissance, puisque, dans ceux à titre onéreux, le prix reçu par le propriétaire est pour lui l'équivalent du droit qu'il a délégué à un tiers. Mais ce raisonnement ne nous paraît pas concluant ; car, s'il est naturel d'admettre qu'au moment où le contrat est passé, le prix stipulé est estimé par le propriétaire l'équivalent du droit qu'il délègue, il n'en est pas moins vrai que lui ou ses héritiers peuvent changer d'opinion plus tard et regarder la délégation de leur droit de jouissance comme une charge, dont cependant ils ne peuvent se délivrer qu'au moment fixé par le contrat; et de plus, on pourrait arriver par un raisonnement semblable à prouver qu'il n'y a de véritables modifications du droit de propriété que celles qui sont imposées par la loi elle-même.

§. 3.

Modifications du droit de jouir résultant immédiatement des dispositions d'une loi, qui, dans l'intérêt général, apporte une restriction au droit illimité de jouir de sa chose.

Les modifications qui rentrent sous cette rubrique, sont ou générales ou spéciales :

La loi défend en général de faire de sa propriété un usage qui puisse causer un dommage réel au public ou aux particuliers, ou qui puisse blesser d'une manière publique les mœurs et la décence.

Les modifications spéciales sont extrêmement nombreuses: nous n'indiquerons que quelques-unes des plus importantes; savoir:

I. *Celles qui résultent des dispositions du Code forestier.* Il ne peut naturellement être question ici que des dispositions qui s'appliquent aux bois des particuliers, ou à ceux des communes et établissemens publics. Celles relatives aux forêts de l'État ne constituent pas des modifications du droit de propriété.

Les communes étant mineures, leur droit de jouissance sur leurs bois a dû être soumis à de nombreuses restrictions. Les établissemens publics leur sont assimilés.[1]

Quant aux bois compris dans un apanage ou dans un majorat réversible à l'État, ils sont soumis à un grand nombre de mesures

1 Voyez les articles 90 à 112 du Code forestier, et articles 128 à 146 de l'ordonnance réglementaire du 1.er Août 1827.

conservatrices de la propriété et préventives des altérations du fonds.

Parmi les modifications imposées aux particuliers, les plus importantes ne sont que temporaires.

II. *Celles qui résultent des lois sur la culture du tabac.* Le monopole du tabac restreint le droit de jouissance, non-seulement à l'égard des propriétaires fonciers qui n'ont point l'autorisation de se livrer à la culture du tabac, mais encore à l'égard des cultivateurs mêmes auxquels cette autorisation est accordée par l'administration. Ces restrictions ne sont du reste que temporaires.

III. *Celles qui résultent de la loi du* 17 *Juillet* 1819, *relative aux servitudes imposées à la propriété pour la défense de l'État.*[1] Les dispositions de cette loi restreignent d'une manière très-sensible les droits de jouissance des propriétaires de terrains qui s'étendent dans un rayon déterminé à l'entour des places de guerre et des postes militaires.

IV. *Celles fondées par toute autre disposition de la loi qui établit une servitude légale.* (Voyez ci-dessus ce que nous avons dit des servitudes en général.)

V. *Celles qui résultent de la loi du* 16 *Septembre* 1807, *sur les desséchemens.* Cette loi oblige les propriétaires de marais à procéder à leur desséchement dans les délais et d'après les plans fixés par le Gouvernement; et, faute par le propriétaire de remplir cette obligation, la loi précitée autorise le Gouvernement : 1.° ou à faire faire les desséchemens par ses propres agens, et à se faire rembourser ensuite de tous les frais par les propriétaires; 2.° ou bien à les faire faire par des concessionnaires, qui, après le desséchement, obtiennent une indemnité dont le montant est réglé sur la plus-value des terres, d'après une proportion qui doit être fixée d'avance par l'acte de concession.[2]

---

1 Voyez aussi l'ordonnance du 1.er Août 1825.

2 L'aliénation forcée des marais peut même être ordonnée par le Roi, si cette mesure est indispensable pour que le desséchement puisse avoir lieu.

VI. *Celles qui résultent des lois sur les mines.* La loi du 28 Juillet 1791 a renversé le principe autrefois en vigueur dans le Droit français (et qui l'est encore aujourd'hui chez la plupart des nations de l'Europe), que les mines appartiennent au Souverain. L'article 552 du Code civil en a confirmé l'abrogation, en statuant que la propriété du sol emporterait celle du dessus et du dessous; mais en même temps cet article ajoute que le propriétaire ne pourra faire au-dessous de son sol des constructions et des fouilles qu'en se conformant aux restrictions qui résultent des lois et réglemens sur les mines. Or, la loi qui règle ces restrictions est celle du 21 Avril 1810; elle soumet le droit d'exploiter les substances minérales et fossiles renfermées dans le sol qui vous appartient, à différentes modifications, qui varient suivant qu'il s'agit de mines, de minières ou de carrières. Ces modifications vont jusqu'à autoriser le Gouvernement à donner à des tiers l'exploitation perpétuelle des mines, et l'exploitation temporaire de certaines minières.

Les dispositions de cette loi sont légitimées par cette considération majeure, que, dans l'intérêt public, l'exploitation d'une mine, qui peut avoir une grande influence sur la richesse nationale, ne doit pas être abandonnée à des gens qui n'auraient ni le talent ni les moyens nécessaires pour en retirer le plus grand produit possible : elles sont également conformes au respect que le législateur doit porter aux droits de la propriété, en ce qu'elles assurent au propriétaire une indemnité pour les pertes qu'il peut éprouver, et pour la privation de jouissance que la loi lui impose.

SECONDE PARTIE.

Des restrictions portées au droit de disposer[1], *ou des incapacités absolues et relatives de disposer.*

Ainsi que nous l'avons dit plus haut, nous ne rangeons sous cette rubrique que les modifications qui sont de nature à anéantir complétement ou à suspendre en tout ou en partie le droit qui revient ordinairement au propriétaire de disposer de sa chose; celles, au contraire, qui consisteraient à lui imposer l'*obligation* de disposer de sa propriété, seront examinées dans la troisième partie.

Nous avons donc à nous occuper ici des *incapacités de disposer*, lesquelles résultent ou de l'état du propriétaire, ou de la nature de la propriété, ou bien encore de la qualité de la personne en faveur de qui l'on veut disposer.

§. 1.er

Des incapacités de disposer fondées sur l'état du propriétaire.

Ici viennent se ranger les incapacités des mineurs, des interdits, de ceux qui ne sont pas sains d'esprit, de ceux qui sont soumis à la direction d'un conseil judiciaire, des femmes mariées, des morts civilement, des communes, et quelques autres incapacités exceptionnelles, comme, par exemple, celle déterminée par le décret du 18 Février 1809, qui interdit aux femmes reçues dans les congrégations des maisons hospitalières de disposer par acte entre-vifs.

I. *Des mineurs.* Le mineur non émancipé est privé en général du droit de disposer de ses biens; ce droit peut être exercé à sa place :

1.° Tant que le mariage des parens subsiste, par le père, à ce autorisé en justice; -

---

1 Le droit de disposer comporte le droit d'aliéner la chose, de l'hypothéquer et de la grever de toutes charges permises par les lois.

2.° Si le mariage est dissous, par le tuteur, sous l'autorisation du conseil de famille, homologuée en certains cas par le tribunal de première instance.

Quant au *mineur émancipé*, il est soumis à peu près aux mêmes restrictions que celui non émancipé.

L'incapacité générale de disposer qui frappe les mineurs, reçoit cependant exception dans les deux cas suivans :

1.° Si le mineur âgé de plus de seize ans dispose par testament. Il lui est permis de léguer la moitié des biens dont la loi permet au majeur de disposer;

2.° Si le mineur fait par contrat de mariage une donation, soit simple, soit réciproque, à son époux. La loi déclare cette donation aussi valable que celle faite par un majeur, pourvu que le mineur ait agi avec le consentement ou l'assistance de ceux dont le consentement est nécessaire pour la validité de son mariage.

II. *De l'interdit.* L'incapacité de disposer qui frappe l'interdit est la même que celle dont est atteint le mineur : elle est même plus étendue; car l'interdit ne pourrait en aucun cas faire ni un testament ni une donation entre-vifs.

III. *De celui qui n'est pas sain d'esprit.* L'incapacité de disposer que la loi prononce contre celui qui n'est pas sain d'esprit, quoique non interdit, ne doit pas être confondue avec la précédente : elle résulte d'un état maladif de l'ame, qui peut, en certains cas, motiver l'annulation en justice des actes de ceux qui en sont affectés. L'interdiction, au contraire, est un état d'incapacité légale, qui rend nuls de plein droit certains actes passés par celui qui en est frappé.

Or, l'annulation des actes de ceux qui ne sont pas sains d'esprit peut être prononcée en justice, sur la demande des parties intéressées, dans les trois cas suivans :

1.° Si les auteurs de ces actes ont été postérieurement interdits, et si les actes ont été passés à une époque où la cause de l'interdiction existait déjà notoirement;

2.° Si, les auteurs de ces actes n'ayant pas été interdits, l'interdiction avait du moins été provoquée avant leur décès;

3.° Si la preuve de la démence résulte de l'acte même qui est attaqué.

Si les actes consistent en une donation entre-vifs ou un testament, il paraît certain qu'ils peuvent être attaqués en nullité par le motif que leur auteur n'était pas sain d'esprit, même dans des cas autres que ceux prévus par les articles 503 et 504. Il suffit de prouver qu'au moment de les passer leur auteur n'était pas sain d'esprit, soit par l'effet d'une maladie habituelle de l'ame, soit par suite d'une passion violente, ou de toute autre cause, comme, par exemple, de l'ivresse. Du reste, cette doctrine, à l'appui de laquelle on pourrait citer un grand nombre de jugemens et d'arrêts[1], est combattue par différens auteurs, entre autres par MALEVILLE.

IV. *De celui qui est soumis à la direction d'un conseil judiciaire.* Il ne peut ni transiger, ni aliéner ses biens, ni les grever d'hypothèque, ni faire une donation[2], ni recevoir un capital mobilier et en donner décharge, sans l'autorisation de son conseil.

V. *Des femmes mariées.* Toute femme mariée, sous quelque régime qu'elle le soit, et quelles que soient ses conventions matrimoniales, ne peut aliéner ou hypothéquer ses immeubles, ni disposer de ses fonds pour faire des achats d'immeubles, ni faire des donations entre-vifs, ni accepter une succession ou donation, sans le concours du mari dans l'acte, ou sans son consentement spécial et par écrit.

La femme cependant qui est marchande publique (et elle ne peut l'être que du consentement de son mari) peut toujours engager, hypothéquer et aliéner ses immeubles, sauf ses immeubles dotaux.

Si le mari est condamné à une peine afflictive ou infamante, s'il est interdit, absent ou mineur, son consentement doit être remplacé par une autorisation du juge.

---

1 Par exemple, l'arrêt de la cour de cassation du 22 Novembre 1810.

2 GRENIER, Traité des donations. PAILLET.

Si, au contraire, le mari a la capacité de donner consentement, mais s'il refuse, la femme peut se faire autoriser par le juge dans les cas indiqués aux articles 776, 905, 934, 1427, 1449, 1535, 1538 et 1576 du Code civil.

Pour certains biens de la femme, la faculté d'en disposer librement ne lui est pas seulement refusée, mais elle est même exercée à sa place par le mari; et pour d'autres, le droit d'en disposer reste suspendu pendant toute la durée du mariage.

VI. *Du mort civilement.* Il ne peut disposer en tout ou en partie, soit par donation entre-vifs, soit par testament, des biens acquis par lui depuis qu'il a encouru la mort civile.[1]

Le contumace condamné à une peine emportant la mort civile est soumis aux mêmes restrictions du droit de disposer que le mort civilement, même avant l'expiration des cinq années durant lesquelles il n'encourt pas la mort civile, avec cette différence cependant, que ses droits ne sont que suspendus, tandis que ceux du mort civilement sont perdus.

VII. *Des communes.* Elles ne peuvent ni aliéner, ni hypothéquer, ni échanger des immeubles, sans y être autorisées par une ordonnance du Roi et sans se soumettre à l'observation de certaines formalités spéciales.

§. 2.

Des incapacités de disposer fondées sur la nature de la propriété.

Les biens qui constituent pour leur propriétaire une incapacité relative de disposer, sont les suivans :

---

1 Nous ne rangeons pas ici son incapacité de succéder, de recevoir une donation entre-vifs, etc. Ce sont là des modifications du droit d'acquérir, mais non du droit de propriété.

I. *Les biens compris dans une disposition faite en vertu de la loi du* 17 *Mai* 1826, *sur les substitutions.* Le grevé de restitution ne peut aliéner ni hypothéquer ces biens, ni les grever volontairement de servitudes; et s'il ne satisfait aux dispositions de l'article 1056 du Code civil, il perd même son droit de jouissance.

II. *Les biens compris dans un majorat.* Celui qui possède de pareils biens ne peut en disposer par testament; il n'a droit de les aliéner ou de les échanger que s'il y est autorisé par le Roi, et en cas d'aliénation, le remploi doit être fait dans les six mois. Il ne peut jamais engager ni hypothéquer ces biens, et ne peut conclure aucune transaction d'où résulterait leur abandon, leur diminution, ou leur mutation, que s'il obtient à cet effet l'approbation du gouvernement du Roi.

Toutes les incapacités de disposer, énumérées ci-dessus, disparaissent, lorsque les biens compris dans les majorats redeviennent libres, soit par l'extinction de la descendance masculine et légitime du titulaire, soit, en certains cas, par la réduction ordonnée à l'article 920 du Code civil, lorsque, par l'effet de cette réduction, la valeur du majorat devient inférieure à celle exigée par les lois et réglemens. [1]

III. *Les biens compris dans la dotation de la Couronne.* Ils sont inaliénables [2]; ils ne peuvent être ni engagés, ni grevés d'hypothèque ou d'autres charges.

Ici peut s'élever la question de savoir si ces incapacités doivent être considérées comme frappant le Roi, ou comme n'étant que des restrictions que l'État s'est imposées à lui-même, relativement à des biens qui lui appartiennent. Nous croyons qu'elles sont de cette dernière espèce; car il résulte clairement des expressions et des

1 Décrets des 1.er Mars 1808 et 22 Décembre 1812; Ordonnances des 25 Août 1817 et 10 Février 1824.

2 Et imprescriptibles.

dispositions de la loi du 8 Novembre 1814, que le Roi, tout en ayant la jouissance des biens de la Couronne, n'en a cependant point la nue propriété; que par conséquent il n'aurait en aucun cas le droit d'en disposer de quelque manière que ce fût. La nue propriété reste à l'État; on en trouve la preuve incontestable dans les articles 11 et 15 de la loi précitée, qui statuent que les immeubles affectés à la dotation de la Couronne ne peuvent être échangés qu'en vertu d'une *loi*, et qu'ils ne peuvent être affermés pour une durée plus longue que celle déterminée aux articles 1429, 1430 et 1718 du Code civil, que lorsqu'une *loi* autorise un bail emphytéotique.

Les droits du Roi sur la dotation de la Couronne peuvent donc être regardés comme un usufruit perpétuel, imposé sur certains biens de l'État en faveur du *souverain*, avec cette différence cependant, qu'ici l'usufruitier jouit de droits plus étendus que dans l'usufruit ordinaire.

Considérée sous ce point de vue, nous aurions aussi dû parler de la dotation de la Couronne dans la première partie. [1]

IV. *Les biens compris dans une institution contractuelle.* Le donateur, quoiqu'il reste propriétaire de ces biens sa vie durant, ne peut plus en disposer à titre gratuit, si ce n'est pour sommes modiques, à titre de récompense ou autrement.

V. *Les biens que la loi réserve aux descendans et aux ascendans* du propriétaire, lorsque celui-ci vient à décéder.

A proprement dire, ce n'est point la nature de ces biens qui crée pour leur propriétaire une incapacité de disposer; la loi ne désigne pas spécialement quels seront les biens qui devront faire partie de la légitime, si ce n'est qu'elle détermine que les biens dont le propriétaire n'aurait point disposé, devront y être consacrés avant ceux

---

1 L'inaliénabilité des biens dont la nue propriété reste à l'État se retrouve également dans les apanages et les majorats réversibles à l'État. (Voyez entre autres la loi du 15 Janvier 1825.)

qu'il aurait légués, et ces derniers avant ceux qu'il aurait donnés entre-vifs. Mais c'est la valeur totale des biens du décédé, tant de ceux qui lui restent à sa mort, que de ceux dont il a disposé à titre gratuit durant sa vie, qui détermine le montant de la quotité dont il n'a pu valablement disposer.

VI. *Les immeubles dotaux.*

§. 3.

Des incapacités relatives de disposer fondées sur la qualité de la personne en faveur de qui l'on veut disposer.

Sous ce rapport, la loi frappe de nullité les dispositions faites dans les deux cas suivans :

1.° Lorsque l'on dispose à titre gratuit en faveur d'une personne incapable de recevoir[1] ;

2.° Lorsque l'on dispose à titre onéreux en faveur d'une personne incapable d'acquérir (soit en général[2], soit relativement au vendeur seulement[3]).

A la faculté de disposer de ses biens se rattache aussi le droit de renoncer à sa chose. L'exercice tacite de ce droit peut être entravé par tout créancier du propriétaire ; son exercice patent ne peut l'être par les créanciers que lorsqu'il a lieu en fraude de leurs droits.[4]

---

1 Art. 25, 906 à 911 et 1098 du Code civil. L'incapacité déterminée par les articles 726 et 912 est abrogée par la loi du 14 Juillet 1819.

2 Interdits, femmes mariées, communes non autorisées, etc.

3 Art. 1595 à 1597 du Code civil.

4 Voyez les articles 622, 788, 1053, 1464, 2225.

TROISIÈME PARTIE.

Modifications qui portent sur le droit de propriété tout entier.

Un des premiers avantages du droit de propriété parfaite est d'assurer à celui qui en jouit la faculté de n'être privé de sa propriété que de son consentement, soit qu'il fasse présumer celui-ci par l'abandon qu'il fait de la chose, soit qu'il le manifeste en transférant la propriété à un tiers, gratuitement ou à titre onéreux. On doit donc ranger parmi les modifications de la propriété les plus importantes celles qui substituent une *nécessité*, une *obligation* à cette libre volonté. Dès qu'une pareille nécessité menace le propriétaire, et aussi long-temps qu'elle le menace, il éprouve une restriction dans son droit de propriété; mais dès que cette nécessité devient actuelle, qu'elle obtient son effet, qu'elle transfère réellement le droit de l'ancien propriétaire à un propriétaire nouveau[1], elle cesse d'être une simple modification du droit de propriété; elle devient une absence, une cessation de la propriété. Ce n'est donc qu'aussi long-temps que cette nécessité est purement hypothétique ou éventuelle qu'elle constitue une véritable modification des droits du propriétaire, et alors son caractère principal est de répandre, pour ainsi dire, de l'incertitude sur le droit de propriété, et de donner à un tiers sur la chose soumise à cette modification un droit réel, dont l'accomplissement est encore hypothétique.

Or, un pareil droit réel peut être de deux sortes : ou bien il est un droit éventuel de faire vendre la chose d'autrui sous l'autorité de la justice, laquelle est censée remplacer l'action libre de l'ancien propriétaire; ou bien il est un droit éventuel de propriété pleine et entière sur la chose elle-même.

---

1 Gratuitement ou à titre onéreux.

§. 1.er

Du droit éventuel de faire vendre la chose d'autrui par autorité de justice.

Ce droit est acquis par le privilége, l'hypothèque, le gage, et par toute obligation en vertu de laquelle le créancier peut poursuivre la vente des biens de son débiteur.

Quiconque s'est obligé personnellement, dit l'article 2092 du Code civil, est tenu de remplir son engagement sur tous ses biens mobiliers et immobiliers, présens ou à venir. Les créanciers ont donc sur les biens de leur débiteur, tant que celui-ci en reste propriétaire[1], un droit éventuel, qui subsiste aussi long-temps que la créance, et qui consiste à pouvoir faire vendre les biens ou certains biens du débiteur, sous l'observation des conditions prescrites par la loi. Ces conditions, dont nous n'indiquerons ici que les principales, varient selon la nature des biens. Si ce sont des immeubles ou un usufruit (saisie immobilière ou réelle, expropriation forcée), la dette doit être liquide et certaine, le créancier muni d'un titre authentique[2] et exécutoire, et la poursuite en expropriation précédée d'un commandement de trente jours, qui doit être revêtu des formalités voulues par l'article 673 du Code de procédure. La vente et même les annonces de la vente se font devant le tribunal civil.

Si ce sont des meubles, la saisie-exécution ne peut avoir lieu qu'en vertu d'un titre exécutoire, et doit être précédée d'un commandement de payer fait au moins vingt-quatre heures auparavant à la personne ou au domicile du débiteur. Parmi les meubles, il y en a qui sont insaisissables : ce sont les objets énumérés à l'article 592 du Code de procédure ; mais ceux-là seuls qui sont indiqués au numéro 2

---

1 Et sauf les exceptions relatives à certains biens, comme par exemple les majorats.

2 Le titre pourrait n'être que sous seing privé, s'il avait été ultérieurement reconnu par le débiteur dans un acte authentique. (Paillet.)

de l'article précité[1], sont insaisissables absolument parlant; l'insaisibilité des autres cesse d'avoir effet à l'égard de certaines créances particulières.[2]

Ces règles sont applicables à tous les créanciers, quelle que soit leur qualité. Ce n'est pas le lieu d'examiner ici les différens avantages que la loi leur assure quand ils sont privilégiés ou hypothécaires: ces avantages ne produisent en général d'effet qu'entre les créanciers eux-mêmes, et le débiteur n'en éprouve ni plus ni moins de modifications dans son droit de propriété. Ce n'est que par exception que le privilége ou l'hypothèque confèrent au créancier, à l'égard du débiteur originaire, quelques droits qui ne reviendraient pas aussi au créancier chirographaire : tel est par exemple le cas de l'article 2131 et de l'article 2102, n.° 1, dernier alinéa.

Mais il existe entre la créance purement chirographaire et celle hypothécaire ou privilégiée une différence capitale, qui rentre dans notre sujet. Le droit éventuel, fondé sur une créance de la première espèce, n'a plus d'effet à l'égard d'une chose (mobilière ou immobilière) du débiteur, dès que cette chose cesse de lui appartenir. Le droit du créancier hypothécaire ou privilégié, au contraire, sur l'immeuble affecté à son hypothèque ou à son privilége, suit cet immeuble en quelques mains qu'il passe, pourvu que la formalité de l'inscription, là où elle est exigée, ait été accomplie dans les délais voulus par l'article 834 du Code de procédure.

Toutefois les droits du créancier privilégié ou hypothécaire ne sont plus aussi étendus lorsque l'immeuble a passé à un tiers détenteur, que lorsqu'il appartient encore au débiteur; car le tiers détenteur a la faculté de s'opposer à la vente de l'héritage hypothéqué qu'il a acquis, s'il est demeuré dans la possession du principal ou

1 Et auxquels doit être assimilée la somme accordée au failli dans le cas de l'article 530 du Code de commerce.

2 La saisie-brandon et la saisie de rentes constituées sur particuliers sont également soumises à des règles particulières. (Art. 626 à 655 du Code de proc.)

des principaux obligés d'autres immeubles hypothéqués à la même dette, dont il peut dans ce cas requérir la discussion préalable; sauf cependant s'il était personnellement obligé à la dette, ou si le créancier poursuivant était privilégié, ou avait une hypothèque spéciale sur l'immeuble. De même l'expropriation de l'immeuble ne peut plus être poursuivie, si le tiers détenteur le purge des privilèges et hypothèques, et si dans ce cas l'un des créanciers privilégiés ou hypothécaires n'en requiert pas la vente, en remplissant à cet égard les conditions voulues par l'article 2185. Enfin, si le tiers détenteur délaisse l'immeuble, l'expropriation ne peut plus être poursuivie contre lui, mais les poursuites doivent être dirigées contre un curateur qui est donné à l'immeuble délaissé.

Le *gage* constitue en faveur du créancier un privilége sur la chose dont il est nanti, si les conditions prescrites aux articles 2074 à 2076 ont été remplies; mais il modifie également le droit de jouissance du débiteur, propriétaire de la chose, puisque le créancier peut en user sous les conditions des articles 2080 et 2082, et qu'il peut en retirer les intérêts, dans le cas et sous les modifications de l'article 2081. Enfin, le gage ne crée pas seulement un droit éventuel de faire vendre la chose, mais encore un droit éventuel de propriété sur la chose.

§. 2.

Du droit éventuel de propriété (pleine et entière) sur la chose d'autrui.

Un pareil droit résulte :

I. *Des dispositions de la loi relatives à la révocabilité des donations entre-vifs.* Ces dispositions fondent pour le donateur, pour ses héritiers et ayant-cause un droit éventuel de propriété sur les choses données; droit qui se réalise de différentes manières, savoir:

1.° *De plein droit*, sans aucun acte de la part du donateur, et même contre sa volonté tacitement ou expressément manifestée, dans le cas de la révocation par survenance d'enfans, réglée par l'article 960. Ici le droit du donateur s'applique à tous les biens de la donation, en quelques mains qu'ils se trouvent; ils doivent rentrer dans son patrimoine ou dans celui de ses héritiers, libres de toutes charges et hypothèques du chef du donataire, et nonobstant toutes aliénations que celui-ci en aurait faites.

Il est naturel que les donations que les époux se font l'un à l'autre, soit par contrat de mariage, soit depuis le mariage, ne soient pas révoquées par survenance d'enfans.

2.° *Sur la demande* qui en est faite en temps utile, par le donateur ou ses héritiers, si les conditions sous lesquelles la donation a été faite n'ont pas été accomplies, à moins que ces conditions ne soient de nature à être réputées non écrites. La révocation prononcée en justice pour cause d'inexécution des conditions assure au donateur ou à ses héritiers, sur les biens de la donation, les mêmes droits qui leur reviennent dans le cas de révocation pour survenance d'enfans.

3.° *Également sur la demande du donateur*, au cas que le donataire se rende coupable d'ingratitude : dans ce cas, le délai est restreint à une année, et le droit du donateur ne s'étend qu'aux biens de la donation qui sont encore dans la propriété du donataire, sans préjudicier aux charges et hypothèques imposées à ces biens (sauf exception, art. 958). De plus, l'action ne peut être intentée par les héritiers du donateur que sous les modifications de l'article 957, et en aucun cas elle ne peut l'être directement contre les héritiers du donataire.

Les donations faites en faveur de mariage ne sont jamais révocables pour cause d'ingratitude. [1]

4.° *Par la seule volonté du donateur*, s'il s'agit de donations faites entre époux pendant le mariage.

---

1 Les dispositions testamentaires peuvent être révoquées, comme les donations entre-vifs, pour cause d'ingratitude du légataire ou d'inexécution des conditions.

II. *Des dispositions de la loi relatives à la réduction des donations entre-vifs.* Ces dispositions donnent aux héritiers légitimaires du donateur un droit éventuel sur les biens compris dans la donation, lorsque ces biens entament leur réserve. Si cependant la prescription est acquise pour les biens donnés, ou si l'héritier a valablement renoncé, soit à la réserve, soit à la succession entière, ni lui, ni ses propres héritiers, ni ses ayant-cause [1], ne peuvent plus se prévaloir de ce droit éventuel. La réalisation de celui-ci a pour effet de faire revenir à l'héritier les biens donnés, libres de toutes charges et hypothèques du chef du donataire. Mais ce droit ne peut être exercé contre les tiers acquéreurs des immeubles donnés qu'après avoir préalablement discuté tous les biens du donataire, non-seulement ceux de la donation qui restent entre ses mains, mais encore tous ses autres biens, quelle que soit leur origine.

Les dispositions testamentaires qui entament la réserve, sont réductibles comme les donations entre-vifs, et doivent même l'être avant celles-ci.

III. *De l'envoi en possession provisoire ou définitive des biens d'un absent.* Les envoyés en possession acquièrent un droit éventuel de propriété sur les biens de l'absent, droit dont la réalisation dépend des circonstances suivantes :

1.° Que l'on n'apprenne pas l'époque certaine de la mort de l'absent;

2.° Que l'absent ne reparaisse pas, ou que son existence ne soit pas prouvée;

3.° Que ses enfans ou descendans directs ne se présentent pas dans les délais fixés par l'article 133 du Code civil.

L'incertitude du droit des envoyés en possession définitive ne les empêche cependant pas d'aliéner ou d'hypothéquer les biens de l'absent. [2]

---

1 Sauf, en quelques cas, les créanciers.

2 Le droit de jouir, soit d'une portion, soit de la totalité du revenu des biens

Les dispositions de la loi relatives aux biens des absens s'appliquent aussi aux biens des contumaces.

IV. *De la promesse de vente.* Lorsque les parties ont réciproquement consenti, et qu'elles sont convenues de la chose et du prix, la promesse de vente donne à celui qui a promis d'acheter un droit éventuel à la chose. Il peut réaliser ce droit à tout moment, aussi long-temps que celui qui a promis de vendre conserve la chose, et même lorsque la chose est devenue la propriété d'un tiers, si ce tiers est de mauvaise foi.

V. *Des vices inhérens à un acte translatif de propriété*, lorsque ces vices sont de nature à autoriser la demande en rescision.

Celui qui possède en vertu d'un acte nul, n'a aucun droit sur la chose possédée [1] : sa possession n'est qu'un simple fait ; et si ce fait est continué pendant un laps de temps suffisant pour opérer la prescription, celle-ci forme pour lui un mode d'acquisition qui ne peut pas être considéré comme l'effet d'un droit éventuel qu'il aurait eu jusque là ; l'ancien propriétaire a conservé le droit de *propriété parfaite* sur la chose jusqu'à l'instant où la prescription a été acquise.

On serait peut-être fondé à dire la même chose d'un acte translatif de propriété qui n'est que sujet à rescision ; car le juge, en prononçant la rescision, reconnaît que l'acte était entaché dès son origine d'un vice caché qui le rendait nul, et ainsi la rescision n'opère point une mutation de propriété, mais plutôt la rentrée dans une propriété ancienne qui n'a jamais cessé, ou qui n'était que suspendue. Cependant, comme ce point est controversé, nous avons cru devoir ranger parmi les droits de propriété purement éventuels ceux que l'on conserve sur sa chose aliénée en vertu d'un titre sujet à rescision.

Les vices de l'acte qui le rendent sujet à rescision peuvent être absolus ou purement relatifs. Ceux de la première espèce sont l'er-

---

dont on a obtenu l'envoi en possession, constitue une modification du droit de jouissance, qui aurait proprement dû être indiquée au §. 2 de la 1.re partie.

1 Sauf ce que nous avons dit à propos de la possession de bonne foi.

reur, la violence, la crainte et le dol : ceux de la seconde sont encore, ou relatifs à la nature de la convention, ou relatifs à l'état du contractant. Les vices relatifs à la nature des conventions sont, par exemple, dans la vente (et non dans l'achat) d'un immeuble, la lésion de plus de sept douzièmes; dans le partage, la lésion de plus du quart. Ceux relatifs à l'état du contractant sont, pour le mineur non émancipé, la simple lésion qu'il aurait éprouvée dans toutes sortes de conventions, sauf les exceptions spécialement déterminées par la loi (art. 1306, 1308 à 1310, et 1314); pour le mineur émancipé, toute lésion éprouvée dans les conventions qui excèdent les bornes de sa capacité, sauf les mêmes exceptions que pour celui non émancipé. C'est du reste à la prudence du juge à déterminer quand la lésion éprouvée par le mineur est assez forte pour motiver la rescision; la loi ne statue rien à cet égard.

Les effets de la rescision sont rétroactifs, et consistent à remettre les choses au même état que si l'acte rescindé n'avait jamais existé. Les biens reviennent au propriétaire restitué; toutes les charges créées, toutes les aliénations faites par celui dont le contrat est rescindé, sont anéanties.

Quant au *mode de poursuivre* la rescision, il faut remarquer que cette poursuite, pour être valable, doit être faite dans le délai fixé par la loi, qui est de dix années, chaque fois qu'il n'est pas spécialement réduit par une disposition de la loi, comme par exemple par l'article 1676. Ce délai commence en général à courir du jour du contrat, sauf les exceptions (art. 1304). Il est inutile de dire que, si l'action en rescision n'est que temporaire, l'exception au contraire est perpétuelle. L'action en rescision passe aux héritiers de celui qui avait le droit de l'intenter; ils ont à cet effet le délai qui restait encore à leur auteur au moment de son décès. Dans tous les cas, cette demande doit être intentée contre celui avec qui le demandeur en rescision (ou son auteur) a contracté, ou contre ses héritiers, sauf à citer en cause les tiers détenteurs.

La rescision ne peut plus être demandée, si l'acte a été valablement ratifié.

VI. *Des conditions suspensives ou résolutoires, ajoutées à un acte translatif de propriété.*

1.° *De la condition suspensive.* Elle suspend l'existence même de l'obligation, et en empêche par conséquent l'exécution. Mais elle assure au créancier[1] un droit éventuel sur la chose qui fait l'objet de l'obligation, droit qu'il transmet à ses héritiers s'il meurt avant l'accomplissement de la condition (sauf les exceptions). Le débiteur conserve de son côté la propriété, ainsi que la possession de la chose, aussi long-temps que la condition n'est pas accomplie : il fait les fruits siens; il dispose de la chose, l'aliène, l'hypothèque, la grève de servitudes, et toutes ces dispositions sont valables, si la condition vient à défaillir[2]. Mais si elle s'accomplit, au contraire, le droit éventuel du créancier, devenu dès-lors un droit réel, obtient un effet rétroactif; les aliénations, les hypothèques, toutes les charges imposées à la chose par le débiteur sous condition, sont anéanties.

2.° *De la condition résolutoire.* Celle-ci produit à peu près l'effet inverse de la précédente; elle n'empêche pas que les dispositions ou contrats soient exécutés dès leur origine, et que la propriété, ainsi que la possession de la chose, passe de suite à celui qui l'a acquise sous une condition résolutoire; mais elle donne à celui qui a aliéné sous cette condition un droit éventuel sur la chose; droit qui se réalise par l'accomplissement de la condition, et qui, ayant alors un effet rétroactif, remet les choses au même état que si l'obligation n'avait jamais existé, oblige le créancier à restituer les choses reçues, et anéantit toutes les aliénations, charges, et hypothèques créées pendant la condition[3]. La résolution par l'ac-

1 Créancier proprement dit, donataire ou légataire.

2 *Actus conditionalis defecta conditione nihil est.*

3 *Resoluto jure dantis, resolvitur jus accipientis.*

complissement de la condition a du reste lieu de plein droit, et sans que le juge ait besoin de la prononcer, ni qu'il soit nécessaire de faire faire une sommation, sauf les exceptions spécialement déterminées par la loi, comme, par exemple, par les articles 1656 et 1184.

VII. *De la stipulation d'un droit de retour sur les objets donnés.* Le droit éventuel du donateur sur ces biens, subsiste aussi long-temps qu'il reste en vie; et si ce droit vient à se réaliser, soit par le prédécès du donataire seul, soit par celui du donataire et de ses descendans, il a un effet rétroactif, qui résout toutes les aliénations faites par le donataire, et toutes les charges et hypothèques qu'il a imposées à la chose (sauf l'exception qui résulte de l'article 952, *in fine*).

VIII. *De la faculté de rachat ou de réméré.* Elle donne au vendeur sur la chose vendue un droit éventuel de propriété, qu'il peut réaliser quand bon lui semble, et en quelques mains qu'ait passé la chose, sauf à lui à se conformer aux conditions et aux délais fixés par les articles 1660 et 1667 à 1673.

IX. *Des dispositions de la loi relatives aux aliénations forcées.* Ces dispositions donnent à l'État un droit éventuel sur tout immeuble dont la propriété devient nécessaire à l'exécution des travaux ordonnés pour cause d'utilité publique. Elles constituent au profit de l'État un droit qui, au premier coup d'œil, peut paraître exorbitant, mais qui est néanmoins fondé sur le principe incontestable que l'intérêt privé doit être subordonné à l'intérêt bien constaté de la chose publique. L'exercice de ce droit est d'ailleurs soumis à des conditions et à des formalités qui sont suffisantes pour garantir les particuliers contre des mesures arbitraires et inutiles, et pour leur assurer une juste et préalable indemnité de la perte qu'ils éprouvent. L'intervention nécessaire de la justice, chaque fois qu'il s'élève des contestations entre les particuliers et l'administration, à l'occasion des aliénations elles-mêmes ou du montant des indemnités, n'est pas une des moindres garanties que la loi donne à cet égard aux propriétaires.

L'expropriation pour cause d'utilité publique était en usage en France avant la révolution; mais elle ne se fondait sur aucune loi fixe et précise. Cette lacune fut remplie par la Constitution du 14 Septembre 1791. Plus tard, l'article 545 du Code civil proclama de nouveau le droit d'aliénation forcée, qui fut également sanctionné par l'article 10 de la Charte. Quant au mode d'exercice de ce droit, il a été réglé d'abord par un avis du Conseil d'État, approuvé le 18 Août 1807, et ensuite par la loi du 8 Mars 1810.

X. *Des dispositions du Code pénal relatives à la confiscation.*

Certains crimes et délits, et même certaines contraventions de police, peuvent donner lieu à la confiscation spéciale, soit du corps du délit, soit des choses produites par le délit, soit de celles qui ont servi ou qui ont été destinées à le commettre (art. 11, 464, 470 du C. pén.). Ce n'est qu'en tant que ces choses sont la propriété des délinquans que la justice a le droit de les confisquer. Ce droit existe dès que la contravention, le délit ou le crime ont été commis, et il subsiste aussi long-temps que la prescription n'est pas acquise.[1]

Avant de terminer, nous devons encore faire observer, qu'à l'obligation d'aliéner, imposée par la loi ou par les conventions au propriétaire de la chose, ne correspond pas toujours le droit éventuel d'un tiers d'obtenir la propriété de cette chose, ou de la faire

---

1. Voyez, sur les cas où la confiscation spéciale doit être prononcée, les articles 176, 180, 286, 287, 314, 364, 410, 413, 423, 424, 427, 428, 472, 477, 481 du Code pénal; 207, 218, 221, 222 de la loi du 28 Avril 1816, etc. La confiscation générale des biens d'un condamné, autorisée par le Code pénal pour différens délits, est abolie par l'article 66 de la Charte.

vendre pour se faire payer sur le prix. L'obligation du propriétaire de la chose consiste alors simplement à la faire vendre en justice ou autrement, sans qu'un tiers ait le droit exclusif de l'acheter. De pareils cas sont du reste assez rares, et nous ne les citons que parce qu'ils forment une modification du droit de propriété qui ne rentre dans aucune des subdivisions que nous avons établies ci-dessus. (Voy. par exemple les articles 1062 et 827.)

Une autre modification du droit de propriété qui ne se rattache pas directement à l'une ou à l'autre de nos subdivisions, est le *co-domaine;* on pourrait dire, à la vérité, qu'il constitue plutôt un simple partage de tous les droits du propriétaire, qu'une modification de son droit de propriété.

THESES EX JURE JUSTINIANEO.

De Usu et Habitatione.

I.

Usus est jus alienis rebus utendi, salva rerum substantia.

II.

Convenit cum usufructu in acquirendo; differunt vero in effectu.

III.

Aucta familia, augendi quoque sunt fructus.

IV.

Viduæ relictus usus retinetur, licet hæc ad secunda vota transeat.

V.

Vidua cum secundo marito et tota familia utitur.

VI.

Usus pro dignitate ejus, cui relictus, determinandus est.

VII.

Extraneo commoditas usus cedi non potest.

VIII.

In rebus fungibilibus non differunt in effectu usus et ususfructus.

IX.

Habitatio est jus alienas ædes inhabitandi et omnem utilitatem ex habitatione percipiendi.

X.

Differt ab usu quod separatim locari potest.

XI.

Differt ab usufructu, quod habitationem habens, pecora alere non possit, nec horto ædibus adjacenti utatur.

XII.

Differt ab utroque, quod capitis diminutione et non-usu non pereat.

FINIS.

www.ingramcontent.com/pod-product-compliance
Ingram Content Group UK Ltd.
Pitfield, Milton Keynes, MK11 3LW, UK
UKHW020506230726
13925UKWH00005B/2103

9 782014 05241